U0925227

# 野马渡

## 诗歌雅集

2015—2016

Yemdu the poetry set

老铁 主编

中国文联出版社
http://www.clapnet.cn

# 引言

野马渡，昆山周市镇已消失的一个古渡口。

后来，成为一份民间文艺小报名字。2011 年，小报变身正规期刊，发行全国。

自此，野马渡就像一棵古树，先后萌生出片片嫩叶，分别是一批周市的文化和体育团队，“野马渡诗歌雅集”就是其中富有诗意的一片。

雅集成员 24 名，身份各异，以诗歌相契结。每月最后一个周六下午，相聚位于野马渡文体中心的老铁文艺机构，品茗、聊天、谈诗、诵读、侃大山，且来去随意。

古人雅集有七个“必有”，野马渡诗歌雅集有七个“不”：不邀请，不通知，不开会，不定选题，不相互吹捧，不人云亦云，不张扬。这七个“不”，大家都很认同，尤其是“不张扬”，因为我们不是“诗歌活动家”。大家在自如宽松氛围中，远离束缚，畅舒诗志，凸现凝聚力与创造力。

这本小册子，号称双年选，分上下两辑，收录诗歌 100 首，是雅集成员 2015 至 2016 年的自选之作。精选《二十四诗品》中佳句，以四季形式呈现，意在对诗作各种风格意境进行归类。

>>>>>>> 本書作者

清風

書文

中原馬車

江浩

老鐵

劉亞武

孫子兵

西方有蘭

許正偉

何玉忠

進進

冷眉語

蘇省

易水寒

羅書錸

胡權權

樹枝

錢十一

曹九歌

夏杰

龔純

韓墨

臧北

藍鴻

# 目録

## 上辑

### 春 采采流水，蓬蓬遠春

秋 海風碧云，夜渚月明

## 冬 晴雪满竹，隔溪渔舟

## 下辑

·春· 如逢花開，如瞻歲新

## 夏

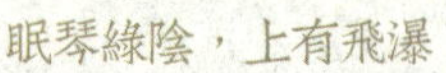




## 秋

蕭蕭落叶，漏雨蒼苔

## 冬 筑室松下，脱帽看詩

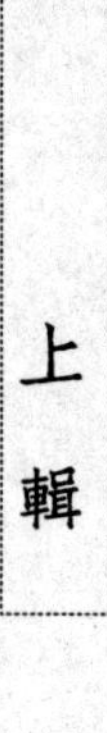

# 上輯

采采流水
蓬蓬遠春

## 后山

老铁

无论是顺时针还是逆时针
你都能到达后山
天会携着云，一往情深地跟你走

你可以哼着昆曲
踩活三两句繁体字的唱词
从水磨腔最柔美的部位出发
绕山而行

后山有许多事物，你会喜欢
无数排尖锐的水杉，切割出零碎阳光
搭载着一些零碎的露珠
令地面的鸟粪银光闪烁

河中，机帆船的节奏刨开晨雾
击打着每个人行进的步履
人们行色匆匆相向而过
倘若你的昆曲还未哼完
可以继续

## 矛盾

书文

紫红色的桃花
从来没有今天这样无所谓
粉红的部分剔除掉
裸身地对我说，你好虚伪

我像那棵垂柳的模样，低着头
不予回响
轻轻地贴着湖波
桃花啊：柳絮的苦衷你还不知道

昨日的花裙
也想抛开
我的外衣是我紧裹的皮
串串经久的装饰，已经成了人们的
风景

## 骑马过双洋湖

树枝

夕阳下
追赶春天的孩子
试图用一枚小小石子
解开双洋湖的纽扣
菜畦在左
鸟鸣在右
那些来不及遏制的热情
成了天边的火烧云

# 早春，雪的忧虑

曹九歌

指甲衰败，经过悠长的冬季
已经嵌入肉中并且合体
你的忧虑，寄生在冷漠的寒潮
和电视机的片片雪花里
沉醉之后的人们围坐在一起
依然显得十分和气

我们观看起风的时辰有没有落叶
感受虚构人物抽泣的刹那
假设的多面，让我的语言
失去准头般茫然四顾
四顾那些，使我们止于忧虑的
在梦里卡了壳的小幸福

胆怯者其实存在于你我之外
他们不停进食，吞下糖衣
吞下地产、证券和子孙
来不及让舌头，去舔舐这些牺牲
而作为病患，我们食欲不振的忧虑
自然已经无迹可寻

## 春雷

——念亡父

苏省

谈论灵魂时，应该有一声春雷
像咽气一般低沉
在云朵内部卸下时间的重负

走神的亲人可以继续走神
可以望向窗外，樟树叶湿冷之表
泛起老旧的天光

你也可以，你可以在细雨微澜处
卸下此生波涛
那声响也可以是另一声春雷

## 二月

江浩

鞭炮的尸体依稀可见
而我，开始复活
目光汹涌。橱窗内的模特
褪去冬装，露出雪白肌肤
脸色铁青的香樟立于南方的道旁
田野锐减，助长了牙的锋利
汽车像四处觅食的老鼠
拖着气态的尾巴。饥肠辘辘
最终，它静止于一个编码的空间
差点忘记，我就在这棺木里

## 藏地悲歌

冷眉语

雪域高原的每一个生命
都称得上是另一种意义上的海拔
深谷将广阔牧场切开。纵横交错的道路
血管在寒风中断流
草甸子是埋在血管中的春天
一顶游牧帐篷，坐在风的长尾巴上
独自编织鸟鸣

布达拉宫被深邃目光勾勒
风欲揭起高处的瓦楞
高原铺开辽阔的纸张，不等谁来着笔
匍匐的人从黑夜返回
仿佛典藏的草稿
我从久远的物质年代来，未及站稳
已被抽象
天蓝得具体可感
我的孤独与忧伤具体可感

## 落花

许正伟

花瓣是娇嫩的
可我看到，那些娇嫩的
面容后面，有刚毅和执着

她们不愿随风而行
不愿随阳光而行
她们不能挡别人的道
却能阻拦自己的路

用雨水压低视线
压低呼吸
压低一分一秒的渲染
她们离开枝头
回到自己脚下

然后，轻轻地盖住
曾经的脚步

## 早春之殇

夏杰

凌波微步，甚是安乐，与一树嫩芽共度春风
时光之齿闪耀
我叹息

已过了满树花香的年纪，葱茏遮掩不住自身的疤痕
流逝之殇，奈何矣
凭栏远眺而目光所不及之处，皆被黑色吞噬
掌心里的花瓣，是春天的肌肤
疼痛自知，不可言喻

早春，我的咳嗽恢复花开
许多日子凋谢，抵制与和解
始终交替出现于庭院

## 站在油菜花开过的地方

龚纯

站在油菜花开过的地方
天阴，好像田野刚刚得过一场沉重的热病。

太晚了，去年燕子已飞回，重新熟悉
农民远去的绿风景。

我们仍未更换古老的屋顶，还是那三朵白云
有几处恋爱的地方未插入钢筋。

有一些人爬上大树，当自己是片树叶
以为来年春天还可以被看见。

而那些细小的蚂蚁有时也发动大面积战争
只有小孩留意它们遗弃的尸体。

只有小孩来到城市才发现自己的出身
反复清洗自己的泥腿子。

此刻，我的脚趾有些发臭
一棵李树正在身边，失去香味。

## 洋芋

孙子兵

给一块土就能生根，给一坨粪
就能发芽。地里的洋芋
不声不响，把所有的力气
都使在根上……

出土的时候憨态可掬
身上还带着泥
大个的白花洋芋和黄浆洋芋
活泼开朗，热情大方
小个的乌洋芋香甜爽口
母亲最喜欢用来和酸茄果一起打汤
在那些收成不好的年份
憨厚的洋芋，老实的洋芋
就是家里半年的口粮

在农贸市场和超市里
被清洗和包装过的洋芋顾盼生姿
改名叫土豆或者马铃薯

丰富了城里人的饭桌，朴实的心

尝到了有滋有味的生活

## 三月，我们一起放风筝

胡权权

三月，我们一起拉线
风筝在天空里飞
倒影跟着麦地里的风跑。燕子也飞来
他们衔泥，飞过树梢、屋顶与炊烟
此时，我们胸腔里也扑腾着燕子的翅膀

呢喃的叫声很有弹性
像细嫩的麦子
柔软藏在腰里，搂一下就
枝叶婆娑。雨水渐渐洗亮拔节的原野
你羞涩的脸，仿佛一朵桃花
让春光烫得通红
三月，麦地与风筝、燕子一起
拉住春天飞

清澗之曲

碧松之陰

## 七千湾风情

蓝鸿

河岸最是妖柔
三十米一曲，五十米一弯
流水不尽，在水草间吟风诵月
似珍珠散落，每一个浜
每一个潭，玉润、明净
与月光丝丝相扣

清风随意翻阅
有传说奇谭在乡野史书流传
少女持荷而来，童子怀抱红鲤
小河蜿蜒，绕农舍，缠草木
是唐诗、宋词、元曲
让白云吟诵，让花草伴舞
让鸟鸣和奏

有少女河边洗衣
踏春的诗人把半句诗遗忘在路上
七千湾，湾湾风情

似少女心，一个少年走进去
就迷了路

一叶小舟轻轻划过
惊飞了一群水鸟
七千湾，天地作画
唯有四季敢于动笔
修改这幅江南水乡风景图

# 树们和花们

中原马车

树们，向上抽条拔节的的代价，就是抖落枝头的
芳香和鲜艳。哪怕是战栗，也要扮出挺拔的姿态，
那些花瓣尚未走远，它们在树根四周，左顾右盼，
嘟囔着小嘴，一副心不甘情不愿的表情！

它们难道是想借助夜色，悄悄爬上枝头？
我看见，树荫一下子缩小了；再看，树荫钻进树身了，
难道树荫发现了什么？我不知道。这世间，告密者的
嘴巴总是
多过叛逆者的耳朵！

## 一天内，经过三个省的干渴

钱十一

一天内，换了三个地名
干渴从他们的指尖拧出黄河：天黄黄
地黄黄
——在小声地祈祷里
香火烧着了生存的喉咙

一天内，路过黄土、戈壁与灰褐的石头山峰
一天内，觅草的老羊跟了一路
一天内，那些复活的河流，像有人在愿望里跳着舞蹈

石缝中焦灼的树木
我用一天喝掉你的一生

## 莲花岛

易水寒

重元寺的钟声震落莲花上的水珠
这座岛充满禅味儿
让我膜拜一尊佛一册经书
这些莲花媲美黄药师的桃花
文化的气息氤氲过来
躁动的心逐渐平静

在有莲的地方
回望来时路
下决心把那些放不下的断然放下
跳出红尘
做一粒莲子或者得道的仙人
吸取天地精华
安然地睡去
我钟情的这些莲很空灵

水光潋滟晴方好
水滴缠绕的莲花
折射出七彩之光

乐水的人激动过一次又一次
我不知道他的心
他的心只专注于真与善
坐莲的神仙离去布法
满天的祥云为湖面绣上印花
此刻，这里很静
那些飞鸟把我带向天堂

## 困岛散章

江浩

1

阳光像切刀
把雾断成栅栏，一节一节
赶入大海。渡船的消息摇摆不定
导火索般暴露在火种下
潮水一遍遍冲刷堤坝，一群尽责的消防队员
海鸥正在盘旋、鸣叫。似在自嘲
拥有的所谓自由之翼
而我们，总忐忑不安希望
希望有人来渡

2

海鲜店主飞快地
写下品名、斤两、价格
手中的笔像把利刃，伸向
明虾、仙贝、野生的黄鱼
伸向我们这群被困之人
伸向你我的后路
当痰、烟蒂、方便面盒不断地抛入大海
我们还理所当然索取馈赠

早已忘却，我们从蔚蓝、清澈而来
终将回到
那一片浑浊

3
被困孤岛
非你我所愿，就像
搁浅的鱼
无力开拔的船
海龟在七月的沙滩爬行
异样之物让她困惑
这还是不是孕育生命的温床
就像我们，把来去托付与潮汐
把灯光当成阳光

## 姜里村的幸福

老铁

古树弯腰，亲吻姜里潭
九十度的姿势，激活了潭水一百度的幸福
水中鸭群，顺时针游弋，漫不经心
把阿公岛和阿娘岛围成了恩爱状
呈现幸福模样

渔人用古老的捕鱼工具
冷不防剪下一角潭水
幸福顿时浮出水面
河埠边，农妇用歌谣浣洗生活的杂质
让幸福没有污垢
古稀老者，推起婴儿车
沿太公长堤，穿过满地野花
把一个婴儿推成童年
精心酿制隔代幸福

宁静祥和温馨，是姜里村的幸福背景
装饰所有平面和立面
比肩而筑的民居是幸福的
穿行于小巷，不走回头路是幸福的

在如镜水面，映照一下脸庞是幸福的
倚着门扉，纳鞋底也纳阳光的阿婆是幸福的
滚铁环玩手机的孩童是幸福的
对唱山歌，把青梅竹马两小无猜
唱成夫妻双双是幸福的

姜里村的幸福
简单质朴，无需修饰
乡亲们，从一扇门，一条路
一条小巷走出，相向而过
在一座桥上，抑或隔水相望的两岸
以风景中的一个符号告诉你我
幸福本身就是幸福

# 责任

清风

风调雨顺是神明的责任
华藏寺听钟鸣
传比丘诵经
比如北海道
一个人车站的故事
比如我
顺手扶起
“碰瓷”的老人

## 别来身寄

韩墨

一

安坐如车，怀抱酒瓮

吐一路愁肠和悲愤，既怒且喜

抱愧故乡，不行事，想余生

马嘶如笑，长歌当哭

举目四顾，戚之惶惶

白色是虚无，蓝的呢，是秋天落苏

二

清明断雪，谷雨断霜，我断肠

怀抱古书的人，江边望，看水流

所遇非人，所托非物，无奈事何其多

只有时间，唯有感悟可

怀抱灯火来去，一缕炊烟无踪

鸟声落了一夜，青黄不接的木鱼声

三

我以为水中捞出的是月，不料
捞出了一面水镜子，天只剩下蓝

溪水愈流愈淡，浅饮即止
云浮了上来，我沉潜下去，在人间

四

落日很美，秋风赶着人影下山
一壶酒，一笛风，一缕青衫
几朵白云绣在湖面

树下有人，有茶和惊喜
羊在山坡，谁在湖畔
月光下的小心思，只关秋冬

五

蘸墨的青袍，谁晒石头和经书
读山水船只和孤独
清净如纸的天空，斜斜上夕阳的脚印

所有欲念成灰，古玉一般的光泽

## 即景

臧北

傍晚来临了
当窗帘像黑夜
落下粗重的投影
呼吸，正在编织一张大网

只有一小丛植物
在角落里发光
把记忆中的太阳
还给应有的白昼

把人工的风
还给空气的水流，那秘密
仿佛大海中涌动的馈赠
但海面平静

湛蓝的桌布下
掩盖了多少非理性的激情？
当夜幕降临
坟墓从我们中间缓缓上升

## 七夕过后

书文

是情缘
断了银河丝弦
一把漂浮不定的吉他

月圆或月缺
还是那座鹊桥
换了琴码
好似遍地笙歌相逢

虽无云伴
有人独自弹唱
悲声一浪高过一浪

“大风起兮云飞扬，
威加海内兮归故乡，
安得猛士兮守四方！”
盼天下无恙

罢！罢！罢

乱了世间音律

银河无渡，哪有彼岸

大风歌处

无曲水流觞

仍是阵阵散喉

空荒唐

## 风吹土堆

胡权权

风吹土堆，那些土堆上的草叶指认风向
风还会吹进泥土里，泥土膨胀成大地的乳房

远去的牧人带走了稻香与村笛
深陷泥土的脚印借助风的力量发芽、抽穗
炊烟涂抹草色的天空
小路布满起伏的鸡鸣，拐进村庄
高一声低一声的

这些在土堆里摸爬滚打的人，手捧泥土像孩子
捧着母亲的乳房，风吹动他们的头发
满脸的尘土等着鲜花
等着把自己放进青草铺满的土堆
慢慢变成黑色的汁液

## 芒种

刘亚武

六月何栖栖，麦地恢宏的庙宇
覆盖了故乡的山坡
那些胖僧侣们触摸到盛夏的光
不断放下手中的芒刺

开始脱下金黄的袈裟
他们想起
必须清洗少年时长出的野草
和青秸上爆裂的小白花

灌浆，灌浆，它们终于奉上了
白馒头，而我在多年后
所能记起的，只是一片麦子
走动的光芒

## 盛夏的果实

何玉忠

从孕育到生长
从日渐成熟到浓香馥郁直到衰败
真难以想象，我在一茎花上
找到了轮回，完美和无以伦比的伟大

这个是略带寒意的午后
我就蹲在路边，悉心凝视
仿佛看到了自己的过去
不知用什么样的词语
比喻、拟人，或者夸张
而它仅仅是一茎小苗
在我掌心，任我操纵

是孩子一样抚育它，让她节外生枝?
阳光不语，清风含笑飘过
只留下我，不知所措

海風碧雲
夜渚月明

## 沉默

罗书銤

长时间，保持一个姿势
来赞美自己的低眉顺眼和无所事事
虫，已爬满胸腔
反而一再寻找许多借口
来覆盖那段没有血色的日子

谈不上所谓淡泊明志
打算在一片秋叶上过冬
这足以表达了宁静致远
那饱食终日的睡眠
除了发胖，更像是在等待一场死亡

秋水依然潺潺，蓝天照样空阔
蔚蓝深处的生命光彩亮丽
而惯有的沉默
无非是一种崭新的疼痛

## 右道，前行

曹九歌

秋雨尚未开始，凉意还没有来
奔跑着进入秋天的人
选择在右道上前行
左道的陌生人因此而领先
留下一帧帧闪过的后脑勺和辫子

这跑道空旷，也没有队列
和城市的外围一样稍显寡淡
绕圈的奔跑者似无知的围城士兵
洒下汗滴，却惊不起尘土
终究败在自己愚钝的体力之上

在这秋天，那些没有付出劳动的人
也能获得果实、鲜花和掌声
奔跑者们，却看不到满地金黄
如同无人问津的行道树
在右道前行，依然是向左的重复轮回

## 母兽

树枝

母兽从深山来，往极乐去
太阳是神旨，月亮是延期符信
她一生孕育儿女无数，至今
阵痛不止
她曾撕裂黑皮毛，抵御尘世风霜，
她曾伸出尖爪子，刨食遗落的舍利子
她撕啊，扯啊，刨啊，
满天的星子，一颗比一颗鲜亮
她敌不过星辰，敌不过新生的褶皱
抵不过一群幼兽，不停吸她乳汁和鲜血

# 属相：马

孙子兵

1978 年 9 月 21 日
农历八月十一，我闻着
新收苞谷的香味出生在鸡场坝
成为一户农家殷切的期望
成为外公的小尾巴
一匹天真无邪的小马
在山村的秋天乐开了花

山坡，农田，雀鸟，树林……
庄稼，土狗，蜻蜓，水沟……
这些丰富的玩具
给我磕破膝盖的伤痕
也给我幸福的童年记忆
奔跑在鸡场绿色的风中
一个属马的孩子
感受到了属于马的开心和快活

19 年以后，我的足迹
从祖国西南的贵州山区

踏上了东北哈尔滨的黑土地
一匹志在千里的马儿
走出了父老乡亲的叨念和记忆
但我的梦乡，苦闷的梦乡
一直还留在母亲温暖的怀里

## 桥头日落

苏省

院里石榴挂果，河边垂柳落叶
我想告诉更多人
更多暑热，实则是从人心撤离的

我想光阴若从此不再起波澜
不如留在桥头饮酒。我想看倦鸟西归
看落日揽下一天中最后的劳碌

是的，他终于向轮回讨回
令人称道的好脾性
为自己和人间归途点燃一片云

他还为我将往昔拉长，但仍不离弃
仿佛岁至初秋
所需不过是如此温良的酒友

# 在曲阜

臧北

这是沉默的最后时刻了
蒙了一层猪油的黑暗，在闪光

我们收集萤火虫的屁股
悬梁苦读，在没有月亮的夜晚

城堡还在酣睡，因而
你不能进入它混沌的心

我们在胡桃树下
欣赏着它粘满露水的，发青的性器

## 生病的树

许正伟

生病的树还在树林里
还在同伴的包围中
生病的树还站立着
像不生病的样子

它不呻吟
不表达自己的病痛
偶尔一阵风吹过，它便拖来
别的树枝的摇曳
覆盖自己的慌乱

只是忍受不住的折磨
在表情中暴露
脸上些许的黄斑
仿佛阳光更多的垂怜

## 沉浸之日

夏杰

树阴告诉我，天亮了
白露宰杀一只鸡，秋天
验证刀痕带来的江南

我要说的白露，是逐渐坚硬的风留下的柔情
是镶在草叶的一颗琥珀，把晨曦含在嘴里
但是，光线藏着忧郁

把心里腾空吧，悲剧与喜剧之间
隔着露珠凝视一会，或许
一场变革就此蒸发

它很小，把两张笑脸挤在一起就有偌大的
幸福，是的
穿上小草的布鞋，是完美的

## 磨刀

清风

院中。背对月光的角落
是我常坐的位置

正三下，反两下
顺着月光，不会太刺眼
耳朵已听出它的锋利
轻吹，噗噗作响

世俗急需锋芒
握刀的手紧了一下
胸口一热，嘴角抽动

沙沙，沙沙沙
满院的落叶乱窜
如惊恐的蹄子

## 不妨隐遁

韩墨

一

谁井里敲钟，谁月下晒盐
谁子夜劈柴，谁吹灭油灯
牛嚼草，鸡上树，羊群跨栏入梦

豹子剪一叠慵懒的腰身
羚羊挂角，闯进岩壁
石窟里肉身佛坐瓮青铜

二

左一脚夕阳，右一脚黄昏
风摇动月光和酒的弧线
谁溪水锯山，谁隐遁山中

谁橹浆搅江，漩如乡愁
谁汲水织纱，谁挑窗翘望

望月圆月缺，望水阔天长

望星子和孤帆
望三峡飘来的猿声和爱情

三
仲秋之夜，不妨有蟹、菊花碗和姜茶
山中札记，不妨唤雁群写一行隶书
月下拾稻穗的人，抬眼望云，看天空的蓝与虚静

山有谦逊自知的品德，水没有
有的人，永远都是错过，涉足过河度我
度过的是泥马和菩萨，谁在水中化莲如蝶

四
着布衣，具疏食，向晚感怀
脚步比夜晚挤出的鸟声轻
经年的悲苦和辛酸，在雪地画符

风很大，草木很深，一山一山落下
托钵的人，不安地踏着月光赶山
你有草木清幽，我有幽云寄梦

## 秋夜

易水寒

河畔被清凉洗过
一缕桂花香迎面而来
嗅一嗅，很提神
那只步履轻盈的猫
毫无声息地走在公园里
绿色的瞳孔叫人怕
一闪而逝的生灵
留下惊悚和神秘
像我一样在世上漫游

那些疾行的人
与腰围赛跑
还有伴着音乐起舞的大妈
和楼下苗条的邻居
我孑孓一人行走在寂寞里

一轮圆月抛洒思念
将我的心绪漂白

想起远方的爱人孩子
这个夜晚开始漫长

雨滴忽然落下
昏黄的夜合上大幕

# 从九月一直到十一月

龚纯

从九月一直到十一月，虞山停止了生长
江南一带的水稻，还没有收割。

对照天空下的众多运河无所作为，对望夕光
收起最后的余晖，仿佛一生
皆已浪费。

孤独但不可猛发抱怨，不可怒斥平地边缘
游荡出一批妩媚的小山——从湖泊中
看到倾斜的家园。

彷徨而故乡无所依据。树枝上
挂着掉下去的月亮。是骡子是马其生殖器
无所谓好坏，和通心粉混在一起。

村妇理当以浓酒敬献长寿而糊涂的父亲
回归田亩，理应对转基因作物和文化
建立医疗队。

难以说清黎明的天空渐渐灰白，村夫
像木头一样站立，脸上由镀铜
到镀锌。

在这片土地上，微风再次进入那危在旦夕的草丛
会一遍遍追寻过去的黄金岁月，好像其间有
迷路的母猪。

## 秋风起，归远方

西方有兰

挥霍过夏天的人
更懂得秋近了要弯腰扫落叶
低下头，与自己对话的方式
是否可以更近秋色
顺从云朵的忽明忽暗、树荫的摇曳
秋风起，清晨已有凉意
自然醒来吧
中年，似中锋显露

折腾自己，让生命不息
诗和“瑜伽”在半道上偶遇
天人合一或延伸身体的秘密
远方归去无痕，永远出发

晴雪滿竹
隔溪漁舟

## 风雪夜过南陵兼怀李白

刘亚武

空阔的站台，未见别的行旅，我正在丧失
对一辆单车的控制
或许它并未迷途，只是想重新回到汉唐
或更久远的岑寂里

这江南之孤地，以暮色增加它的深度
以一场暴雪，不断涂抹记忆的边界
为了制造更大的寂静，它们甚至动用了箭镞
簌然于胡风中

我未曾出入于王庭，但亦有仰天大笑的时刻
有鉴于此，五松山的主人
隔着一千二百年的白，依然可以让他的时空
与我有一小节的重叠

而我不敢独自面对这伟大的邀约
恍然如逃难山鸡
当驿站的灯光渐次消隐，我体内的孤独
开始大朵大朵地飘落

# 我的处境

苏省

雪花要开，所以梅花先落下来
天上的神明荒于朝政
所以，我的处境空阔、孤寒

请告诉世人，这些触地即逝的事物
是否也曾撕心裂肺，像我们初生的婴孩？
像凛冽在你我间到来。一而再，一，而后再

雪花，迟早要开
即便无根也无枝可依
所以我相信你，就好像这处境还不赖

## 光与尘

罗书銶

读书之余，便是静坐
对面小楼，飘来一只黑色蝴蝶
翅膀下藏着一首悠远的歌
歌里，似乎盛满了光与尘
新的，旧的；旧的，新的
布满了低矮群山，无边松林

在落日中抽出一段光阴
我们开始整理记忆
儿童年代的尘土，堆积到了中年
校园课桌上阳光依旧
只是写春天的人，换成了一个小毛头

化工厂的不远处，立着一枝腊梅花
不香也不苦，像一个安静的小伙儿
面对一场春雪，胜似一缕春风
快要溢出来的光啊，混杂在尘土中
一闪，一闪，接着就是一团火

## 本命年

钱十一

灯递过来它的光

我在你的路上找眼睛，在角落里
找心

树伸向天空

让我们遗忘吧遗忘吧
一九七八：雪轻轻地下

用白天挖地
用夜晚交换时间

用姓氏，穿过饥馑和麦浪

或者，弄疼自己

在一本书前拥抱并微笑着
离去

就拈花吧：这人间薄雾
和向西的小小河流
……

## 冬至

夏杰

黑夜从瓦楞里溢出时，冬至就到了

白昼把懒腰伸到屋檐下
旋即，又缩回去
哈气是白的，那么软，那么柔
村庄说：已闻到雪花的味道

晚霞在河水中成为棉衣
淘米的母亲，她的手也成晚霞的一部分
她把笑容裹住，回家后再解开
放入灶火中，也是晚霞的一部分

这是童年，记忆的寒霜消融
月光劈开一条门缝
装入睡眠，而月光未眠
是一种习惯

黑夜在家里赦免寒冷

# 雪花落在淀山湖面

蓝鸿

在冬天，日记的结尾有点遮遮掩掩
独钓寒江，心事隐藏在浮标下
伺机而动，春风不解风情
一直熬到雪花飘飘

渔火一一归隐，一轮残月半梦半醒
芦苇在秋天收到一封家书，正在酝酿
来年春天的诗句

雪花飞舞而来，搅乱了湖面的平静
一朵雪花，一行诗句
湖水轻声吟诵，没有任何表情
寒风有点内疚，拉着衣襟
归去，归去

独立岸边，站着
站着，与一株芦苇一起白了头
这或许有点草率，但并不是结局

雪花落在淀山湖面

远处，飘来腊八粥的香味

眼角，有了热度

## 守岁人

清风

守岁人，都备了一颗熬年的心
熬得三更两年分
一夜烟火，点燃满天星星
九霄外，百花盛开

爆竹声，会不会吓退万千生灵？
修行的仁者啊！请告诉我
如何，普度众生。母亲早已远行
三十载别离，每当除夕
我便会点亮一盏，孔明灯

我从不燃爆竹
轻拨灯花，只为照亮天堂的归途
花丛深处，有我熟悉的脚步
有昨夜带我守岁的母亲

# 冬天的芦苇

冷眉语

曾经如此眷恋这个时代
铺天盖地的白符合我内心的茫茫
那白不多不少
正好将我腾空

起风的时候，似乎有什么在上方
要取走它的思想
掠过的身影柔软而敏捷
像夕阳准确落入一杆长笛的描述

流水的捕快被风声带起的波纹
乱了分寸。雪覆盖过一场暴动
芦花走失。一段剪辑掉的镜像
它怀抱的宗教有薄凉的命运

一根和一根如此相似
我不知道哪一个更接近人类本身
有时候它们集体倒伏
这让你感到时间的具体与仓促

## 辽阔以外的方向

曹九歌

在不同的时空里
我们用更多的时间去思考
是蓝天、雪山还是人群
让一天显得更久，让一生更长

宁静可以让事物变得缓慢
那么流逝也就不会那么悲伤
感伤于失去的空荡
也会忽略，早晨的地平线

忽略这些，辽阔以外的方向
天地之间的箴言汇成诗句
由不同的命运构成
它们正张开双眸，苏醒过来

昭示活力的纷繁事物
让你成为自己心中维系的小菩萨
你看，这空中飘荡的白云
让人们能够看到无穷远

## 在河边

中原马车

在河边，哪怕我站得再坚挺，那柔软的流水，
悄无留息地将我折成几折，忽高忽低，喘息的波纹，
企图将我咬碎。这世间，没有比一瓣枯叶更加锋利的
器具，
它从我的体内穿过，踩着浪尖，不紧不慢地远去……

疼痛，从河面漾开。跳跃不已的阳光，看上去
是多么忧伤啊！

## 评论江山和石头

龚纯

我们在不同的地方看，太阳落山了
特别好的人，也被暮色围困。
不久我们知道花容失色，美人寂寞
换了心情和朋友。

我们在不同的地方看，死去的月亮
再无第二个同伴。
凶险的中年，越来越多的人在暗中
缓慢或快速地消失。

躺在床上，听见常绿乔木像硬币窸窣作响
北风拍打窗棂，孤独这个医生
仍旧来找你。

有时夜半悚然猛醒：秋风正在做它们的事情
而梦中总有个贫穷、生病而遥远的自己
走在路上，要去做伟大的事情。

当我们还是一个孩子，不会预见自己变坏

踏上台阶，活在寂静的深夜。
梦想曾经光荣地闪耀光辉，那么多年
避免庸俗地谈论感情——

男人、女人都以肉体过精神生活

## 与母亲聊天，还差一厘米就回到了童年

老铁

下雪了，外面很冷
母亲坐在床沿上
我与她面对，端正坐着
脑海中遴选着话题

与母亲聊天，大约有五十年的
时空距离，我们坐在
房间里，就像坐在一辆
正在倒退的列车上
沿途，基本没闪现她的
标志性记忆

其实，与母亲聊天
往往就差一厘米，就回到了童年
譬如，她每次都会提及
我额头上一厘米的疤痕
但她却想不起这个疤痕的来历了
只是每次在离开时
反复叮嘱：慢慢走，当心摔跤

每次听到这句话
我总有点伤心
但很温暖

# 下辑

如逢花開
如瞻歲新

## 春暖花开

何玉忠

如果满眼的芍药、含笑、樱桃、玫瑰
如果还有茯苓的香味，君子兰高傲的额头
缓缓临近
身后是千佛莲花，是黄鹂和腊梅
你会不会有些惊喜
会不会感觉春天的气息
从遥远的大海深处
滚滚而来

## 我不会让这片天空没有云彩

书文

今天，很阴
喜鹊只叫了一声
一棵椿树要发新芽

意欲出逃的心，在为
一只黑猫忐忑
此种徒劳，会不会变成暗的使者

白云隐退万里
牵挂的光芒，能不能在明天开放

## 山巅之上的石头

许正伟

山巅之上，一块石头
它站得很高很远
有很多的追随者
在仰望的路上

树木们从山脚出发
试图接近它
可都在半路上崴了脚

小草们走到了山腰
它们也想接近那块石头
可也都在快要到达的时候
倒在了路上

从山谷出发的风昼夜赶路
它们乘着阳光和月光的翅膀
但真正能到山巅的
也只是很少很细的几缕

山巅之上，那块石头站得高远
它其实并不孤独
推开树木和小草的神灵
搂住几缕风
坐在了它的身边

## 希冀

中原马车

春光明媚。花蕾在枝头眺望，远足的
阳光中飞上飞下的
叮嘱与挂念，它们在梦中，在我内心，攥紧
光亮。让回来的和外出的人们，安装希冀的眸子。

想想明天，以及伸手可得的未来，
他们的时间和脚步一下子变轻了，他们的
身体的一部分会被阳光刷得金黄色。在春风中萌芽的
种子是幸福的、美丽的，它们或多或少窥觊到前程……

# 给布谷鸟的简短颂歌

龚纯

小时候的夜里，你从四川飞来。在平原上空
你，向翅膀下的土地好意提醒
小人儿，尚未注意耕作日期。

现在我就在四川盆地，我似乎听见了你
没有人回答你无用的担心
你喊破嗓子，只会使女子们不安，月经不调。

——我会活多久？整年整月地施肥种地
家庭妇女还是骂你，起疑心
我最热情的骗子，你飞越我们国家四处逡巡。

科学、美学、道德，奥登说可以拼命鼓吹
而你的技艺好像是黑夜里的幻觉：
你似是而非，从青春的岁月里秘密地飞走。

想起你来，觉得什么都不记得了，大惊小怪的
只是一个声音——
我们互相堵住了嘴唇，不能说春天已是一派胡言。

## 水杉

臧北

办公室的人都走光了
我站在窗口往下看
那水杉正在往上长

每个孩子都有脱离地球的欲望
而在老年
却不得不下降

沿着楼梯走下来
深入到巷子里
绿茵茵的地砖缝

哦你能发现这大地之下
并非全然黑暗
那里自有光线

磨砺双眼
但风穿过枝柯
用他们的嘴唇

发出笑声
用他们的叶子，拍手
还用他们的身体

折断他们，为了
用他们的死亡
给他们下葬

## 不坐滑杆的原因

江浩

你不愿坐滑杆上山
只愿，用指肚划过草叶，轻弹
草叶上的水珠
那样子，像按动萨克斯上的按键

你愿意，数一数台阶的数量
看一看，最高的石条与
最低的，有什么不同？

你真的不愿意坐上滑杆
你说你
打小就讨厌
电影里坐滑杆的人

## 晚安

树枝

躺下之前
我选择浴室里的一场雨
镜子安静，莲蓬盛开
雨点先是轻轻拍打后背
后来，猛烈冲击泥沙
这时光的渣滓啊，正慢慢
渗入身体，一尾鱼爬上眼角
我们相视一笑，夜有些湿滑
我必须拔出身体里的稗子

## 火烧云

清风

江南春雨。容不得，柳絮纷飞
清风痴迷。醉扶，花枝摇曳
亭前端坐那身影。呵呵
是我消瘦几世的情
她数着湖面，无休的雨滴
陌然浅笑，低眉

只为前世约定
世俗的风，撕扯着云朵
倾尽最后两行清泪
禁锢的欲，冲撞着我与她
几世的孤寂

须弥山下。湖水殷红了晚霞
避雨亭中。她点燃了自己
点燃了天边最后那片云

## 清明

老铁

两个字，深植于春天
孕育亲情之山，思念之水
挂太阳于山巅
映月亮于水底
赋予追思的狂欢以情感象形

携山水灵气，沐日月华彩
挚爱的亲人们，我来看你们
所有的一切都与我同行
包括附属于躯体的承受、表达
衰老、劳累和安逸

我们之间，没有生与死
一段生命游弋的距离，漫长抑或短暂
两个种在春天的字
把这段距离等分成若干小节
逐一点亮沿途的小黄花

由此，我们开始栽瓜点豆

催醒命运睡眠，一轮又一轮，一春又一春
万物在轮回的因果中复苏……殁世，它们
汲取了这两个字的天地菁华后
一次次启程……回归

亲人们，我要说的是
生命启程有多美，回归就有多美
我来看你们，同样很美
你们在那头，我在这头，就像我在
第一个字里，遥望第二个字中的你

# 玫瑰花茶

冷眉语

一粒茶的期限将回到水
通过动荡打开并用旧岁月贯穿你

水是清澈的，淡淡的晕是去年的蝶儿
它离爱情有唇齿到柔肠那么近的距离
它种下刺。一根宿命里的钉子钉在棺木上

长安止于马蹄声。花瓣
被时间的手指捻入一部非虚构小说
有人在里面走来走去。杯子里的水
滚烫，像一种饥渴
我微微一颤
薄薄的香弥漫开来，“磨着夜空明亮的镰刀”

世界在阅读中睡去，渐凉
而通过透明的玻璃
仍可以看到燃烧的火焰和其横陈于
影子间的小小骨头
没有一只鸟歌唱。“那消退的黑夜
留在了失明者的眼里”

## 春天，田野像一个待孕的女人

胡权权

春天，田野像一个待孕的女人，坐在杨花
飞舞的风中。仰望天空
鸟鸣当作烟雨打湿衣襟
流云当作浪花，脚下翻涌
潮湿，黝黑，朝向昨夜一波接一波

让田野长出翅膀，春天里
蝴蝶、蜜蜂在金黄与粉红的后面纵情欢笑
让风把春光粉刷得更加温暖
庄稼长势良好，四溢的缠绵在大地的肌肤上
流淌，流淌

## 生活

曹九歌

食草者被引导着抵达丛林
去供养禽兽们，投胎成一道荤腥
被吃掉是多么美好的给予
没有什么是正确的，地上的光斑和阴影
也不得不在互文中得到印证

花朵重开之日
你们都是正确的良民
球体或平面图上的山河永不破产
而人无再少年，万千世界也是
只能用喉结的鼓动来表达着迫切

再坚硬的果实也必将被吞咽
红利将尽，那就宽衣、宽心、宽慰
弯曲身体，不断朝后，衔起塑料
一起试图仰望，这比脚后跟更大的方寸

眠琴綠陰

上有飛瀑

## 渔舟在淀山湖照镜

夏杰

湖水满怀秘密
渔舟没有含混不清的狂热

雨水在下棋
晚风轻轻地上釉

——孤零零的空气在散步
白鹭贵妇般照着镜子

湖面上，月光也要留着鳃呼吸
最终被鱼鳞晃走……

而渔舟在爬着梯子，嘴里哼唱淞南民谣
一个城镇，瞬时漾开

所以，缆绳抵达淀山湖时
谈论肉体与阶级

## 风暴一种

苏省

想起平原外你曾涉足的山峦
就抬首看云
黄昏时他们时常不近人情，脸色铁青

仿佛世间全部的苦厄就此升腾
游荡于我和神明之间
这诡谲的莽莽群山令我如此不堪、不甘

想起你我烈风般的爱恨仍令我羞愧
就无风可藉。就等待群山
腾出尖锐罅隙，示我以闪电

## 很多条河流在我身上流淌

孙子兵

很多条河流在我身上流淌
天长日久，我的身体便一片汪洋
我心中的欲望，经常掀起无边的波浪
我逐渐沧桑的血管里沟壑纵横
有激流，有险滩，有洪涝，有汪洋
也有一马平川的坦然

很多条河流在我身上流淌
其中最亲近的那条叫做大桥河
沉淀着我童年的幸福时光
流经心脏的那条叫做北盘江
离晴隆县城 15 公里，汹涌的浪花
时常勾起我对家乡的回忆
经常灌溉着我的诗行的有两条
分别是娄江和吴淞江，在远离家乡的
江南的土地上，我一次又一次
走进它们，想抓住乡愁的流淌……

很多条河流在我身上流淌
两条主动脉，分别叫做黄河与长江

日夜歌唱，提醒我还是一个活着的中国人
其他的河流有的我见过，有的我没有见过
但更多的我叫不出名字，一直都在
默默流淌，把我丢在了异乡的岸上

## 我在第一声鸟鸣中掀起雨的帘子

冷眉语

风声在昨夜来过
薄烟滞留于空气中，犹疑的样子
像一群人被吹弯的背影
山后面升起的工业与雨的夹角
构成胜浦路局部的躁动与不安
我在第一声鸟鸣里
睁开眼。它们向前涌去

一张纸用力包了包火
缠绕又缠绕的绳子，总有一口井
替它在黑暗的深渊醒着
接纳或打捞。万物如婴儿
有人显隐在更远的视野之外
交换路和前程
空气里站满光
“鸟儿从火焰递了过来
按照风暴的原样保留在狂想中”

## 时光烧烤

罗书銤

丙申年乙未月庚戌日
即公元 2016 年 7 月 27 日
对于苏州，对于上海
都是一个发烫的日子
在了解热射病之前
有些人已是肉身不再

许多人还在河中央观测天象
明日和后日，或者更久
天，都会原封不动吊在那里
一个大江南在里面摇晃
如同一颗放在火中的鹅卵石

能躲在空调里研究天文和气象
是多么幸运
比起此时，还挂在半空的刷玻璃工人
和割着水稻、收着瓜果的农民
算得上是神仙一般
尽管评判这些道德标准不是那么可靠

## 走过屋顶的长尾巴

树枝

它有时哭泣
有时狂笑不止
有时像刀
在屋顶闪着凛冽的光
有时像鞭子
抽打不紧不慢的黄昏

那一层又一层的蝉鸣
将我紧紧裹着
隔着南苑和北苑
隔着成片成片的木子林
我仍能听到它为蜕皮而发出的
尖叫

## 梦魇

中原马车

有些事物总会趁虚而入，包括蛇。它潜入
你的梦中，悄无声息地盘在你腿上，傲慢地吐着信子，
惊悸中，你感到针芒般的寒冷，或许是莫名的恐惧！

现实中的茶杯、酒杯以及碗筷……当然也包括某些动作，
比如握手、拥抱、亲吻，甚至于更为温暖的动作，
潜游于私欲的浊流。探出头，便舔湿你的梦，像蛇！

# 享受一朵云的幸福

蓝鸿

在锦溪，半梦半醒着
享受一朵云的幸福

走过小桥流水
时间，把自己遗忘了
而我，左手牵着唐朝风
右手淋着宋朝雨
面对一枝粉荷，许下明天

三十六座桥一一穿过
七十二只窑一一看过
不过瘾，再去听禅寺钟声
声声入耳，入心
魂也飞起来了，入云端

云是天上的水
风，随心所欲，雨，率性而为
水，就成了地上的云

千年，一瞬

晨霞夕辉，满溪跃金

享不尽的幸福

就在眼前

## 公园里的蛇

易水寒

在昏黄的路灯下散步
第一次遇到一条蛇
盘踞在步道上扭曲着身体
我不曾看出那是一条蛇
爱人的提醒让我惊悚
汗水一涌而出
随着它花白的身体蠕动
心说，好险！

从它的身边经过
回头再看它的样子厌恶至极
不知道是不是毒蛇
我只想快速离开
而爱人却停下脚步大声喊着
告诉后面的人，注意有蛇
一种温暖抵消了我的恐惧
我也和她站在一起

公园里的蛇没有造成伤害
它的出现似乎在考验人性

冷漠还是善意提醒
如果冷漠，将有人遭遇伤害
噩梦会缠绕那些被进攻的人

回望那条蛇
在爱人的喊声里
识趣地钻入草丛
它的一次散步
让我拉紧善良的爱人

## 葡萄

胡杈杈

第一次喊她葡萄，她十三岁
朝我看看，腼腆的样子有点吃惊
后来一直喊她葡萄，她总是笑笑
很甜，清纯得像一粒青葡萄

葡萄后来跟小木匠去了四川
生了两颗小葡萄，小模样与她一样
小酒窝很深，小辫子一翘一翘
像向上攀爬的葡萄藤

葡萄已是中年了
估计她的水分已经丢失得差不多了
成为一颗葡萄干是迟早的事
葡萄干嚼起来很有味道

## 蝴蝶效应

刘亚武

夜色，并不能依托宁静
禁锢蝴蝶，悬停的两翼
从卧室门
到落地窗的距离
不足两秒
你可以开启一侧
但必须压住另一侧
像夜露在一片叶子上
保持危险的平衡
而瞬间的颤动
足以让一只蝴蝶，提前醒来

## 问道青天夜传灯

韩墨

1

没有橹桨能斩断流水

琴弦总在黄昏把灯点燃

谁在等待脚印被鸟啄走

偶有羚羊挂角，麋鹿莫要回头

谁婉转峨眉，对山抚琴，而山不空

有鸟声滴入洞箫，满山草书的小悲欢

此前的秋天比你安静

2

山高水长，读无用书，谈草木一生

雪中饮酒，待月西厢，秋声不可闻

问道青云，暮城初秋

谁固执在山涧里找丢失的脚印

白马驮沙，我有泉水的忏悔

寄命于孤山，不求未来，不问过往

秋天被蝈蝈一声声叫凉了

3

若无其事的衣带当风
心闲无事不从容
也没有羚羊出奔，没有铜
谁拿弓的姿势如此销魂

终其一生，听风声过隙
听你深夜咳嗽，像深秋一样坦诚
青石如洗，暮秋降雪
谁斜抱一山月色涉水而来

蕭蕭落葉

漏雨蒼苔

## 掉光叶子的树

江浩

当我们的影子重叠时
那些钢叉般的树枝
一下子刺穿了我

仿佛我才是它丢失的肉身

## 说说山

许正伟

它瘦骨嶙峋
肤色苍黄
营养不良的形体
写满了世界的亏欠

它的鼻梁是把刀子
肌体的皱襞在岁月里
越磨越快
它看天下的目光
闪着寒意

站在高处
它把时光一段段切碎
一段接一段
扔得无影无踪

几十万年前，它是这样生活
如今依旧
它的额头，小草枯了又枯
始终装饰不了
曾经的青春

## 倒影

书文

一群蚂蚁
在水洼中挣扎
多么需要一根稻草，一座通往
天堂的桥

那座天桥，离水洼很近
却不愿
放下云梯，让那些垂危者
重新从地狱中爬起

## 阳澄雾语

蓝鸿

一声鸟鸣划破晨雾
阳澄湖睡眼蒙眬
一缕轻纱半明半暗
凡尘与仙境若隐若现

迷雾出神入化
一根根芦苇指点迷津
江湖风云变幻
总有一两只水鸟出其不意
风轻笑一声，湖水微微皱眉

雾中，阳澄湖暗藏玄机
水族世界明争暗斗
渔翁，已退化成一个古词
利益，一一摆上了餐桌

清晨之雾常会带来某种希望
阳光刺破一切高明的伪装
草叶清明，有露珠滑落

子夜，灵魂常在雾中徘徊
试图捕捉音外之音
有时欢乐，有时忧郁

# 苍茫

罗书鍒

云近在眼前，风浓烈
酒更厚，天地浑浊
挥不去的枯黄愈加苍凉
一把枯枝装点的寒鸦
每一声啼，就是一个深洞
卷入进去的影
慌乱，充满绝望

沟渠干涸，残垣落寞
铁灰色的时光布满了锈
千疮百孔的人间脸庞
像一个个陌生的魂灵
吊在半空

小巷、弄堂、四合院
等着被遗忘
尚余的一丝热闹
不会太多，也不会太久
一只转山刚回来的麻雀
勤快地把羽毛
一支一支插在经文上

## 芦苇在淀山湖是站不稳的

夏杰

芦苇在淀山湖是站不稳的
风可以，把它吹进书页间
可以使它拥有，三个身份

像思考，带着记忆与前途
指认，无名事物的光点
显然这是，描述的专用道具

在一首诗里，闻到酒香，若干年后
用油墨制成黑夜……
渔火跳跃，报答涌动

芦苇在淀山湖是站不稳的
悄然无声，从某个时辰的远处
辨认着什么——

## 秋风秋雨见南山

西方有兰

初秋，一段午夜的序曲经由雨滴落进梦里
已是满月前两天的时候了，只是望不见
一些暗度陈仓的人，继续向往飞黄腾达
没有好或不好的说法，像风在天空埋下伏笔

而山谷的兰草，芳香清幽，似有洪荒之力
心意正在被一股暖流隐来隐去
此时桂花雨弥漫着，彼时镜像里约定来生
南山如果养育过一头美丽的幼豹，长大后自然得道
而未经寻获者，只在午夜独自赏月赏花赏黄金

## 秋歌

易水寒

一汪碧水
荡漾上岁月的门楣
俯身的时候
水中映出秋日的影子
水声在空旷的原野上起伏
汲水人的清唱沉入水底
沙哑的树影
摇落最后一枚落叶
在天明的时候
让人们俯拾许多爱情的故事
秋歌是水的声音
秋歌在季节的背后
像流传极广的古诗
轻轻地濡湿了善感的心灵
水声近了
远离家园的人仍记得这
源于母乳的歌声
伸出手舀水
水中有一枚黄黄的叶子
叶子是听歌的人

## 乙未秋日登仙华山

刘亚武

安静，甚而寥落。有青栎果
晃动于绿光中
同样没有熟透。过于甜腻就无趣了
或许，我们正需要这样的诱惑

羊肠山道上，关节的齿轮
正长出新的孢子
松油滋润
并且重现，失去的节律

如同这少女峰，瘦削而青涩
四千年前的大野
如长夜，并未生长出
多余的赘肉

而我无需一窝蜂般涌至峰顶
像偷窥者
逐一勘验，轩辕小居士飞升处
那烈火焚烧的神迹

比之这七上八下的场景
有人彻夜未眠，打坐、息心
然后比白云更像白云
不断省去，那猿猴般攀爬的过程

## 自述

中原马车

有时，臆想把我带进兴奋与躁动中
那时，我把天与地重新命名
你唤作的天，被我命名成地
而地，自然替代为天。如果这样
在天上奔跑的人们，会不会成为幸福的代名词呢？
那嵌入地里的星星与月亮
或许，有了冷漠和凋寂的本色！

其实，我不愿戳穿当中的谎言
而这样的光景，经常是一闪而过
虚构之余，我想过：天地之间
用根绳子来衔接，于虚实间
我爬上滑下，滑下又爬上……

## 银桂山庄的秋天

老铁

春天正在移动，从玉峰山由东向西
依次翻越微型的山峦，翻越一条
波澜不惊的小河，翻越古城的静谧和喧嚣
把朝霞翻飞成了夕晖
成群的黑发翻飞成了灰和白
沿着西山麓滑翔
变成了秋天，并下沉
由此，我们看到了白发飘扬的
银桂山庄的秋天

这是古城保存完好的
一块秋天，岁月的最后一个舞台
承载着人生多元的结局
在这最后的背景中
银桂山庄的父亲母亲们
用缄默的表情和目光
放飞着一个云淡风轻的日子
放飞着与这个秋天
一起下沉的余生

也许，故事可以重新开始
情节可以重新编排
每一个记忆回放虚拟的时间
每一片苍老的树叶
以金黄的名义遥望绿茵
但是，春天的花朵
再也不会绽放在秋天的枝桠上
秋叶纷纷落下来
一片，一片，又一片
秋天就这么过去了

## 回声

胡权权

到半山腰
望见诸多的山峰突兀进天空

一棵棵树高大挺拔，它们习惯了那里的山风
和风里暗藏的箭
得道成仙

我对着山谷喊自己的名字
想听听大山的内心是否与我一样
落满尘埃

大雁两行，排成人字，顺着山势南飞
它们像我刚刚喊出的声音
越来越远

## 旅行

钱十一

我们用多次意外，完成一个过程
我们旅行
骑驴看唱本
骑鹤下扬州
我们用烟灰让一个又一个明亮的瞬间遁于无形
我们爱别人
这爱让自己沉重
我们习惯沉重
像睡眠习惯黑暗，西风习惯寒冷
白发从年龄中一根根蹦出
我们旅行
无非是看一看新的风景
然后让一切变成旧的
等小雨追上大雨
天黑过了天明
如果还有意外就是当手也旧了却还能奏出新鲜的琴声

築室松下
脫帽看詩

## 捡脚印人的起居注

韩墨

Ⅰ

在桥上，我捡到了祖父的脚印
从上游到下游，从族谱到黄昏

冬天离得那么近，蓝得让人胆战心惊
眼里豹子的光，蹿了出去

Ⅱ

黄昏还没回来，一定是遇见不确定的
人和事，过眼不走心

秋天里的钟声，比我辽阔
鸟飞鸟的，我走我的

Ⅲ

此身犹在山中，雨天听巴赫
让人心安，一溪茶水半黄昏

剑匣已长满青苔，白发复返青
有的人注定是悲欣交集

Ⅳ

即使明月当空，亦无法见证
极目山外，不见青衫

有舟逆横，有橹领错，有人同渡
云过眼，水涉心，所有的欲念已成灰

Ⅴ

纸寿千年，此刻，虫蛀的相思和疼痛
有人长啸，有狼低吼

无菜下酒，无人可念，无物可想
揣剑入山，歪头看你读书

想到你，想到弗洛伊德
有些事，无须勉强，有些人，何必天涯

## 一张纸

冷眉语

我保持着警觉
纸上的字太过沉重，无数死
成为活的理由，堆成山的无字碑

我的目光掠过
易主的耕田。刮骨疗伤
老屋檐下，新燕不知飞往谁家
它们的心事风无法吹透

一纸空荡荡的白纸
每个人转眼都成了会念咒的观音……
你被迫交出一切，桥
将身子一拱到底

我看见大雪吞噬了残腿的祖母
我的父亲
如摇摇欲坠的老屋。刚出生的我
是雪地的一行挽联

一张空荡荡的白纸。你看不出
有什么在上面走
夜深人静时
它如春水哗哗作响

## 告别

进进

亲爱的，我们来说说冬日的某一天
雪后初晴
低温让湖面变成一个巨大的冰块
天蓝得不知所以
柳枝孕育春天，任由微风爱抚

随手滑出的冰块撞击冰面
声响清脆
像极了内心的愉悦
我们在湖边漫步、闲谈
啄木鸟儿在树枝上找寻食物
这一切多么好

又是多么短暂，就像一个梦
也许就是一个梦
人们常说来日方长
想到已逝去大半的人生
这一生终究没有更长久的时光

## 旧事物

臧北

把旧事物折叠起来，放在门后面
旧事物只能放在门后面
那样客人们就看不到它了

客人们看到的都是新鲜的花和笑脸

我悄悄走到门后面
看看，那些旧事物
把时光的铰链翻开来又合上

## 在后山脚下

——致冷冷

书文

喝茶、吹箫、看云
议青竹、腊梅
你举杯刹那，箫声也随即转调

我们刚看过的云
又开始变幻了

竹心的缘起
你说那不是空中有空？
梅花停落在箫音上
笑了

我用手去抓那茶雾
你也笑了

## 乘火车去上海接父亲

孙子兵

凌晨三点，一辆动车
装满了我的疲倦
一位 31 岁的年轻爸爸
半夜起身，告别熟睡中
母亲、妻子和女儿均匀的呼吸
从昆山乘火车
去上海南站接 56 岁的父亲
两个 3 年没有见面的亲人
开着两列思恋的火车
在祖国的大地上奔驰

56 岁的父亲
当过兵，进过厂
转了一圈还是个农民
盖了一栋瓦房，年久失修飘摇漏雨
养了三个儿子，大学毕业后各奔东西

火车向东而行
1 小时 29 分，63 公里

江苏和贵州的阻隔转眼而逝
我的心却一会儿东一会儿西
热切而忐忑，紧张而战栗
好像是远行去见一个陌生人

我不知道
在凌晨的上海火车南站，在冷清的人流中
曾经相隔几千里远的父亲与儿子
能否互相认识……

## 平静

罗书鋘

树上的最后一片红落尽
只剩下泥灰土砖了
孤零零
就是一个灯油耗尽的老者
所有叶子都在提心吊胆
脉络积满了灰尘
不知有多少次冬天的记忆
深藏于阴霾

那些还没来得及滤清的成长
已是暮年
虚弱太多，言辞匮乏
不再抱怨，唯有愧疚
往日的夜色，弥漫内心
所谓的蓝图，是无法名状

# 在办证大厅

江浩

深色冬装的人们
被摁在椅子里

乌鸦，停止聒噪
等待着，替换羽毛

飞翔被迫停顿于灰色天空般的顶棚

囚徒，被一枚号码驾驭
空罐子，轻颤于流水
麦粒，筛动在漩涡里

## 怀念沙

刘亚武

不要怠慢任何一粒沙子，你很难甄别它们的前世
在古代的山谷，它们都是心怀理想的石头
圣人喊仁者乐山
它们前赴后继去做璞中美玉，能得偿所愿的只是翘楚
更多的石头将散做沙子
亿万年漂泊，它们吹过的风淋过的雨流过的血
远甚于我们叫喊的苦难
三闾大夫写完怀沙，告别香草美人，抱着石头沉入江心
此刻，一块玉宁愿低落到尘埃里

是的，你永远无法揣测一粒流沙的远方
圣人接着说智者乐水
在渭塘任意一块水域，我看到那些熟稔的沙子
曾经远去了又回来。它们靠近一扇贝，实现一粒流沙
回到母体的梦。七百个夜晚
那些贝母透支了日月的光华，等待一粒沙子的涅槃
当我们看到它至美的法相，不必错愕
如同尘世中轻若流沙的我们
不能美玉天成，但是还保有做一次珍珠的机会

## 江南冬雨

清风

江的南面
冬雨，依旧很凉

走尽古街雨巷
双桥最高处
终寻不到
她为我挂的那枝风铃

溪边、柳下
与她藏身的地方
只拾得一枚沾满口红的黄叶

水中孤影
任几尾红鱼穿行
此时若有风该多好
她说过，风铃响时
便会归来。归还我送给她的那把油纸伞

## 尘世书

钱十一

1

对于年龄，我不抵制、不言说
对于已逝之物，它如何与未来分庭抗礼
我亦不置一词
掌纹在变，低头的瞬间
天气匆匆逃离

2

年少时张狂，把月亮
比做银盘，绘做蓝、红、白：孤吟
对月烹
或为赋新词，不游历、不隐世
把牛仔裤穿出破洞
露出天高地厚

3

天黑前
我抽芽、开花，买水、买山
在头上养一窝神仙

无聊时掐指一算，云
在青天

4
老子说：大象无形，仿佛一定要大
方可无
佛陀也说：放下、放下
昆山下了三天雨，昆仑山下了三夜雪
你手心的多余之物
于我却是大有

5
把别人的思想装进脑子，把自己的身体
装进空气
虚无之物，或许更加可感
——话费、流量、老婆的支付宝
点出生活的虚幻

6
有时我在对面，看你喂马、劈柴
磨牙、打鼾
有时我也会失去主张

不确定仕、商、名、利，让你走左一点
还是右一点

7

还是如古人讲的，长安米贵
不如归来
哦！这尘世太大了
划一刀伤口就流出中年

# 定风波

苏省

去湖边坐坐，当犹疑冬风般鼓荡
前人曾在此地筑堤
植树，择水而居
以为日常生活有项任务，叫做定风波

去微澜或惊涛中看看
那些散碎的面孔，哪一张像你
哪一张像昨夜，无奈的那一声长叹
去数数堤岸上的阔叶树

数数你我间的缺憾
被几个秋冬覆盖。时光为我们
持有那么多，那么多复杂而相似的脉络
一片片化泥，一片片新生

冬风里，我们去湖边坐坐
兴许湖面上的落叶，也会等到平静的一刻

图书在版编目（CIP）数据

野马渡诗歌雅集 : 2015-2016 / 老铁主编. -- 北京:

中国文联出版社, 2017.2

ISBN 978-7-5190-2567-0

Ⅰ. ①野… Ⅱ. ①老… Ⅲ. ①诗集－中国－当代Ⅳ. ①I227

中国版本图书馆 CIP 数据核字(2017) 第 033766 号

**野马渡诗歌雅集：2015-2016**

主　　编：老　铁

出 版 人：朱　庆

终 审 人：奚耀华　　　　复 审 人：柴文良

责任编辑：王柏松　　　　责任校对：傅泉泽

封面设计：文心书坊　　　责任印制：陈　晨

出版发行：中国文联出版社

地　　址：北京市朝阳区农展馆南里 10 号，100125

电　　话：010-85923035（咨询）85923000（编务）85923020（邮购）

传　　真：010-85923000（总编室），010-85923020（发行部）

网　　址：http://www.clapnet.cn　　http://www.claplus.cn

E - mail：clap@clapnet.cn　　wangbs@clapnet.cn

印　　刷：天津长荣健豪云印刷科技有限公司

装　　订：天津长荣健豪云印刷科技有限公司

法律顾问：北京天驰君泰律师事务所徐波律师

本书如有破损、缺页、装订错误，请与本社联系调换

开　　本：787×1092　　1/32

字　　数：90 千字　　印　张：5

版　　次：2017 年 2 月第 1 版　　印　次：2017 年 2 月第 1 次印刷

书　　号：ISBN 978-7-5190-2567-0

定　　价：36.00 元